PETIT LIVRE

DU

CITOYEN BIENAYMÉ.

—

Versement de 9 millions de fr. au trésor.

Prise d'un vaisseau à trois ponts par
un bateau à vapeur français.

Économie et puissance.

PARIS,

AU DÉPOT : CHEZ P. DANLOS,

1, QUAI MALAQUAIS.

—

1848

PARIS. — IMPRIMERIE GERDÈS,
10, RUE SAINT-GERMAIN-DES-PRÉS.

A MM. LES MINISTRES

DE L'INTÉRIEUR, DES FINANCES, DE L'INSTRUCTION PUBLIQUE,
DE LA MARINE ET DES COLONIES ET DES
AFFAIRES ÉTRANGÈRES.

1° Nouvelle organisation financière pour la perception des contributions directes, qui apporterait au trésor une économie de 9,681,600 fr.;

En prenant pour moyenne des départements de la république française celui de Seine-et-Marne, dont l'auteur, faute de renseignements plus généraux, s'est servi pour calculer les économies qu'apporterait ce nouveau mode de recouvrement.

Si cette moyenne est trop élevée, elle ne peut l'être de plus d'un tiers, ce qui laisserait au trésor une économie de plus de 6,250,000 fr.

Tarif proportionnel pour l'entrée des vins à Paris.

2° Augmentation du traitement des instituteurs d'une somme de 100 à 600 fr. par commune, sans aucun sacrifice à faire, soit par l'État, le département ou les communes.

3° Nouveau mode de recrutement pour la marine, qui

permettrait de mettre sous voiles, dans deux mois, la plus belle flotte du monde, avec les équipages les mieux exercés, les mieux payés et les mieux nourris de l'Europe, et qui, pour une année entière d'armement, n'apporterait dans nos finances qu'un excédant de dépenses de 6 millions couvert par l'excédant de recettes proposé dans la perception des contributions directes.

Avantages de la marine à vapeur sur la marine à voiles.

4° Plus de droit de visite et moyen de sauver nos colonies de l'agonie qui les étreint, tout en proclamant l'abolition de l'esclavage.

Ces quatre dernières propositions sont corrélatives et s'enchaînent l'une à l'autre par la question financière qui les domine toutes, l'argent étant le levier le plus puissant de toutes choses en ce monde.

5° Considérations sur les assemblées primaires établies par communes, et sur les élections générales au chef-lieu d'arrondissement.

Tous les électeurs sont éligibles; donc autorisation aux arrondissements de voter un traitement à leurs représentants.

I.

Nouvelle organisation financière pour la perception des contributions indirectes, qui apporterait au trésor une augmentation de recettes de 9,681,000 fr., en prenant pour moyenne des départements de la république française celui de Seine-et-Marne, dont l'auteur, faute de renseignements plus généraux, s'est servi pour calculer les économies qu'apporterait ce nouveau mode de recouvrement. Si cette moyenne est trop élevée, elle ne peut l'être de plus d'un tiers; ce qui laisserait au trésor une économie de 6,250,000 fr.

Cette proposition repose entièrement sur des chiffres.

Ce nouveau mode organiserait la perception de l'impôt par des employés qui, au lieu d'être rétribués par des remises, bonifications, frais de bureau, seraient tous rétribués par appointements fixes. Mais, dira-t-on, le système des remises et des bonifications est bien plus juste; car plus une encaisse est considérable, plus les chances de pertes sont grandes, et plus les remises doivent être importantes.

A cela je réponds que les receveurs généraux et les receveurs particuliers n'ont d'autres chances de perte que celle d'être volé, ce qui, avec quelque précaution, est impossible.

Quant aux risques qu'ils courent vis-à-vis des percepteurs, ces derniers ont des cautionnements qui garantissent grandement les déficit qu'ils pourraient introduire dans leur caisse; et puis la moindre surveillance suffit pour empêcher de pareilles fautes.

Les percepteurs seuls peuvent quelquefois perdre 60 à 100 fr. par an, perte que l'administration leur éviterait facilement.

En mieux examinant les motifs de refus qui engagent

les répartiteurs à rejeter une demande de remise sur une cote présentée comme irrecouvrable.

Admettant cependant qu'on ait égard à une comptabilité plus ou moins chargée, on pourrait créer trois classes de recettes générales et trois classes de recettes particulières, en réglant leurs émoluments d'après leur importance.

On peut encore objecter : Si les receveurs généraux et particuliers sont rétribués à appointements fixes sans bonifications d'intérêts, le recouvrement ne se fera plus avec la même exactitude.

C'est vrai, ce sont les receveurs particuliers et généraux qui touchent les bonifications d'intérêts sur les versements anticipés faits au trésor avec l'argent des contribuables. Ainsi, les percepteurs versent le douzième de janvier en février. Les receveurs particuliers ne sont redevables de ce douzième qu'à la fin de mars, époque à laquelle ils ont déjà versé à la recette générale celui de février, recouvré grâce à l'activité des percepteurs, et sur lequel ils perçoivent une bonification d'intérêts.

Le receveur général ne doit verser le douzième de janvier qu'à la fin d'avril; mais à cette époque il a pu déjà verser celui de mars. Le receveur général reçoit donc une bonification d'intérêts sur les deux douzièmes qu'il a versés en excédant, grâce toujours au zèle des percepteurs, qui, eux, n'en reçoivent pas un centime de plus.

Ainsi, je pense qu'il est évident que ce n'est pas la bonification d'intérêts accordée au receveur général et au receveur particulier qui accélère le recouvrement fait uniquement par les percepteurs, à moins que ceux-ci ne soient considérés comme employés du receveur particulier et du receveur général, et non pas comme employés du gouvernement.

Cette remarque ne saurait s'appliquer au département de Seine-et-Marne, où l'administration a toujours su respecter, dans les percepteurs, l'employé du gouvernement. Et ceux-ci seraient ingrats, s'ils n'aimaient à reconnaître toute la bienveillance paternelle et toute l'équité dont les fonctionnaires supérieurs de ce département et surtout de l'arrondissement de Coulommiers ont constamment donné des preuves sincères.

Honneur donc à eux! Honneur aussi au directeur qui, par ses vastes connaissances, a su donner tant de clarté à toute la comptabilité des finances! Ceux que nous accusons, ce sont ces fils de pairs de France, qui, au jour de la majorité, ne dédaignant pas, comme les nobles d'autrefois, la carrière des finances, viennent s'asseoir, sans autre droit que la faveur de leur père, à la tête d'un arrondissement, chargeant, d'ailleurs, un régisseur de faire marcher les percepteurs, qu'on destitue quand on le veut, toujours à l'aide du nom paternel.

Mais reprenons. Nous avons, je crois, prouvé que le recouvrement se ferait tout aussi bien en rétribuant d'une manière fixe les comptables.

Vient maintenant la question de banque. Je ne vois rien qui puisse empêcher les receveurs généraux de faire la banque, si cela peut être utile, quoique remplissant des fonctions dont les émoluments ne seraient pas variables.

Mais, répondra-t-on, vous diminuez de beaucoup le rapport d'une recette générale : de là impossibilité pour eux de faire la banque.

J'avoue que je ne comprends pas la nécessité qu'il y ait dans la république des recettes générales dont le produit brut monte à 200,000 fr., comme celle de Lille, 150,000 fr., comme celle de Marseille, et *tutti quanti*. Le ministre des finances ne reçoit que 100,000 fr.; pourquoi donc rétribuer les subordonnés plus que le chef lui-même?

Je crois avoir suffisamment répondu aux difficultés que présente ce mode de rétribution à appointements fixes. Voici le tableau du personnel, tel qu'il existe aujourd'hui dans Seine-et-Marne, avec celui des appointements, frais de bureau, bonifications et remises des receveurs généraux, des receveurs particuliers et des percepteurs.

1° Le receveur général. . . . . 35,000 fr.

2° 4 receveurs particuliers. 58,000

3° 98 percepteurs, dont j'ai calculé la moyenne des remises sur contributions directes à 2,300 f. 225,400

4° Payeur, dont le receveur général ferait l'office (la suppression de cet emploi est demandée déjà depuis longtemps, ayant toujours été considéré comme inutile). Le payeur n'en recevant pas moins des remises évaluées à 16,000 fr., nous les comptons ci. 16,000

Total. . . 334,400 fr.

Remplacés par

1° 1 receveur général, qui jouira de la totalité de son traitement, tous les employés de la recette générale étant soldés par l'État. . . . 20,000 fr.

2° 4 receveurs particuliers à 10.500 fr., qui n'auront également aucun commis à solder. . 42,000

3° Les percepteurs, généralement assez peu rétribués, mais qui, n'étant retenus par leur service qu'environ douze jours par mois, sont souvent obligés, tant pour subvenir aux besoins de leurs familles que pour occuper le temps libre que leur laissent leurs fonctions, de rechercher, soit une agence d'assurance, soit une régie de biens appartenant à des particuliers ; les percepteurs, dis-je, seraient remplacés, pour le département de Seine-et-Marne, par :

1° 10 percepteurs à cheval, aux appointements de 6,000 fr. 60,000

2° 10 percepteurs à cheval, aux appointements de 5.000 fr. 50,000

3° 6 percepteurs à pied, aux appointements de 3,000 fr. 18,000

4° 7 commis de première classe, à 2,400 fr. . 16,800

5° 7 commis de deuxième classe, à 1,800 fr. . 12,600

6° 3 surnuméraires de première classe, à 500 fr. 1,500

7° 5 surnuméraires de deuxième classe, néant. »

Total. . . 220,800 fr.

De. . . . 334.400 fr.

que coûte aujourd'hui le recouvrement de l'impôt, reste en excédant de recettes au profit du trésor donné par le département de Seine-et-Marne. . 113,500 fr.

113,500 fr. qui, multipliés par 86 départements, donnent au trésor un excédant de recettes de 9,681,600 fr.

Distribution du travail entre les 54 fonctionnaires du régime proposé, remplaçant les 104 employés du régime actuel.

Je commence par rappeler, comme je l'ai dit plus haut, que les 98 percepteurs n'ont pas en moyenne plus de 12 jours de travail par mois.

Quelques-uns sont un peu plus occupés; mais beaucoup d'entre eux pourraient faire leurs recettes en 7 ou 8 jours.

Autre considération, ils ne seront plus chargés de la comptabilité communale, qui appartiendrait à l'instituteur de chaque commune, ainsi que nous le proposerons plus bas.

Donc, diminution de travail pour les employés qui déjà étaient libres dix-huit jours par mois.

Donc, toute facilité pour les 42 fonctionnaires qui les remplaceraient de s'acquitter de tous leurs devoirs.

Voici, je crois, comment les travaux pourraient se distribuer.

1° Le receveur général :

Encaissement des diverses caisses publiques, tenue de la caisse, correspondance avec le trésor, surveillance du travail dans les bureaux.

2° Les receveurs particuliers :

Encaissement des diverses caisses publiques, tenue de la caisse, et surveillance sur le travail de leurs bureaux.

3° 10 percepteurs à cheval aux appointements de 6,000 fr.

Deux par arrondissement, chargés des recettes des communes les plus éloignées du chef-lieu. Retour au chef-lieu le plus souvent possible, où ils verseraient leurs recettes, leurs journaux à souche et les rôles des communes dont ils auraient effectué la recette.

Les émargements, le dépouillement de toutes recettes s'opéreraient au bureau du receveur particulier, ce qui établirait un contrôle permanent sur toutes les opérations des percepteurs. Les poursuites mêmes seraient ordonnées par la recette.

Chaque article de contribuable aura une colonne de notes où le percepteur à cheval indiquera ses observations (comme : à poursuivre, attendre, a vendu du bien, a acheté une maison), notes dont le dépouillement serait aussi fait à la recette particulière pour être transmis au contrôleur des contributions en ce qui concerne la direction des contributions directes.

4° 10 percepteurs à cheval aux appointements de 5,000 fr.

Deux aussi par arrondissement. Leurs appointements étant moins forts, leurs tournées seraient les moins éloignées du chef-lieu.

5° 6 percepteurs à pied aux appointements de 3,000 fr.

Un par arrondissement, deux au chef-lieu de département.

— Bureau à la recette particulière, comme tous les autres employés. Fera la perception du chef-lieu et des communes environnantes qui ont l'habitude de venir au marché de la ville.

L'un des deux percepteurs du chef-lieu de département aiderait le receveur général dans la correspondance.

6° 7 commis de 1re classe aux appointements de 2,400 fr. 1 par arrondissement, 2 pour le chef-lieu de département, et 2 pour le chef-lieu d'arrondissement le plus fort, Meaux par exemple, dans le département de Seine-et-Marne. — Feraient le dépouillement des rôles et des journaux à souche, versés par les divers percepteurs ; mettraient les écritures au courant, dresseraient les états de poursuites, et les états d'indications pour changements à faire dans les rôles.

7° 7 commis de 1re classe aux appointements de 1,800 fr.

Émargements des rôles versés par les percepteurs.

Deux commis de 2e classe seraient désignés pour les chefs-lieux du département et de l'arrondissement le plus fort.

8° 3 surnuméraires de 1re classe à 500 fr., désignés pour les arrondissements les moins chargés d'affaires, et dont le personnel est moins nombreux que dans les autres arrondissements, comme on a pu le voir. — Émargements des rôles conjointement avec les commis de 2ᵉ classe.

9ᵒ 5 surnuméraires, un par arrondissement. — Envoi des avertissements gratis. — Je ne vois vraiment aucune objection sérieuse à opposer à cette nouvelle organisation.

La répartition des communes entre les percepteurs à cheval est très-facile à établir. Les communes peu distantes les unes des autres seraient réunies en un seul jour de recette, où les quittances se feraient très-vite, les percepteurs n'ayant plus d'émargements à faire aux rôles, et où les erreurs seraient toujours évitées, le dépouillement de chaque recette étant fait au chef-lieu.

Maintenant, pour que le service soit fait avec le zèle que la république doit exiger de ses serviteurs :

Loi sur l'avancement infranchissable à la faveur.

Chaque receveur général aura été surnuméraire, commis, percepteur et receveur particulier.

L'avancement sera dû au travail et au talent, qui le demanderont, non plus comme une faveur, mais comme une récompense due soit à la durée de leur service, soit au talent qui les aura distingués.

Si la France veut être forte et puissante, que dès aujourd'hui elle crie arrière aux vampires. Le peuple vient de s'enrichir de 24 millions, qu'il donnait au roi ou à sa famille ; qu'il s'enrichisse encore en ordonnant l'examen des réformes, qui diminueraient le chiffre fabuleux du budget où cette longue suite de gouvernements corrupteurs et corrompus entassaient nombre sur nombre pour nourrir le luxe et l'opulence de favoris oisifs que présentaient au monarque un père, un oncle déjà gorgés d'honneurs et de richesses, mais dont la famille, incapable de travail, avait besoin de places, surtout très-lucratives. Et c'est à force d'avoir accordé au népotisme et à l'incapacité, à force d'avoir créé des places pour les hommes, que les deux gouvernements qui viennent de passer sur le pays ont croulé, n'attirant sur leurs ruines qu'un regard de mépris et de dégoût.

L'empire en tombant était beau dans sa chute. Renversés, l'on admirait encore tous ces débris superbes, qui soutinrent si longtemps le choc des nations, qui seraient demeurés dominant l'univers si, dans un fol orgueil, ils n'avaient point répudié la liberté, leur mère.

Il nous faut être puissants si nous ne voulons mourir. Haine aux favoris! Appelons au secours de la patrie le travail et le génie ; qu'ils soutiennent la France, qui présente en souriant ses puissantes mamelles à la république, qu'elle berce dans ses bras comme sa fille chérie, heureuse et fière d'avoir chassé tous ces rois éhontés qui, se disant ses époux, cherchaient, en l'outrageant, à la traîner souillée aux pieds des autres rois, qu'amusait l'infamie des coups qu'on lui portait.

Puisque nous parlons de réformes à introduire dans la perception des impôts, qu'on me permette d'en présenter une bien simple et bien facile qu'on pourrait achever en un jour.

Je veux parler de l'entrée des vins à Paris. N'est-il pas ridicule que les vins de Brie, de petite Bourgogne et d'Orléans, qui sustentent le peuple ; qui, par la modicité de leurs prix, sont à la portée des fortunes les plus humbles, soient frappés, à leur entrée à Paris, d'un droit d'interdiction ;

Qu'ils payent, en passant l'octroi, 45 francs, comme les vins les plus estimés de Bordeaux, du Rhône ou de la Côte-d'Or?

Ainsi, une pièce d'Orléans, qui coûte aux barrières 40 fr., entrée dans Paris, coûte 85 fr., et la pièce de Chambertin, qui coûte 1000 fr. après son entrée, ne coûte que 1045 fr.

Vraiment, il semble que jusqu'ici on ne se soit attaché à faire peser l'impôt que sur les pauvres et l'ouvrier.

Qui empêche d'établir un tarif proportionnel? Mais c'est impossible, criera-t-on ; tous les négociants, alors, présenteront leurs vins comme vins de Brie, et votre tarif proportionnel n'atteindra jamais les vins des meilleurs crus.

Les négociants sont trop bons citoyens pour frauder la république et mentir sur la provenance de leurs vins.

Et puis, la république pourrait bien facilement empêcher les mensonges. Qu'elle déclare, par exemple, que l'entrée pour les vins sera de 10, 20, 30 pour 100, vous fixerez le prix de manière à ne pas diminuer vos recettes, de manière même à les augmenter.

Ces 10, 20, 30 pour 100 seront établis sur les prix de facture que présenteront les négociants à leur arrivée à Paris.

Mais la république, qui aime le peuple, qui a de nombreux hôpitaux à nourrir, sera autorisée à payer les vins d'après les prix de facture, et lorsqu'elle jugera que les prix annoncés sur la facture sont tellement minimes qu'elle peut se permettre d'en prendre la vente pour son compte sans craindre de trop grandes pertes, elle se les adjugera, et en fera la vente ou la distribution au profit des hôpitaux.

Quelques gourmets experts, placés à l'octroi des vins, préviendraient cette bonne mère que tel envoi, tel chargement, d'après la modicité des prix et la qualité du cru, pourraient parfaitement lui convenir : elle achèterait aussitôt de ces dignes marchands qui auraient indiqué sur leurs factures des prix si à la portée de leurs concitoyens.

Et les négociants devraient être enchantés d'avoir fait une très-bonne affaire, et de n'avoir surtout aucuns frais de vente et de magasinage à payer.

Je trouve cette réforme tellement simple, que vraiment je ne vois pas comment on pourrait la discuter. Chercher à prouver combien elle est excellente et facile, ce serait vouloir démontrer que deux et deux font quatre ; or, deux et deux font quatre, et je me tais.

II.

Augmentation du traitement des instituteurs d'une somme de 100 à
600 fr. par commune, sans aucun sacrifice à faire soit par l'État, le
département ou les communes.

En calculant les remises des percepteurs à 2,300 fr., je
n'ai pas compris dans ces remises celles dites municipales;
je n'ai calculé que les remises sur contributions directes
et les frais de perception sur centimes communaux de
toute nature.

Les percepteurs seraient donc toujours chargés du recouvrement de ces centimes, qui d'ailleurs sont parties ad-
hérentes au rôle général ou des patentes; qui, pour plus
de simplification dans le travail, devraient bien être, comme
autrefois, réunis aux rôles généraux.

Je ne vois même pas ce qui pourrait empêcher d'y join-
dre le prix de la feuille de patente, des poids et mesures, et
de visite chez les pharmaciens ou droguistes; ce serait une
simplification bien facile à introduire, et on ne serait pas
obligé de rappeler au citoyen qui vient de solder son article
au rôle : Mais vous devez encore votre patente, votre feuille,
la visite, les poids et mesures, — ce qui mécontente excessivement les contribuables, qui aimeraient bien à savoir,
sans être obligés de calculer, la somme dont ils sont redevables à l'État.

Mais depuis trente ans, on s'est occupé exclusivement
de surcharger tout travail, probablement dans le but d'a-
voir beaucoup de serviteurs; et, comme il était juste qu'ils
fussent occupés afin qu'on ne pût accuser le gouvernement de créer des sinécures, on a fait comme ce maître
qui faisait monter ses meubles par ses domestiques du sa-

lon au grenier pour les redescendre ensuite du grénier au salon.

Qu'on me pardonne cette digression, et revenons aux instituteurs.

Ces braves gens, qui aujourd'hui sont souvent tentés de laisser là plumes et livres pour prendre la bêche et la pioche, parce que, avant tout, il faut vivre, réuniraient à leurs fonctions :

1° Celles de secrétaire de mairie, ce qui existe déjà au moins très-généralement. Seulement cette charge devrait leur être assurée avec des appointements réglés par une loi et proportionnés au nombre des habitants.

2° Celles de receveurs municipaux dans toutes les communes où les remises de la recette municipale n'excéderaient pas 5 ou 600 fr. Le chiffre serait fixé comme il conviendrait par l'État.

Cette comptabilité est simple et donne très-peu de travail pour une seule commune.

Le percepteur à cheval dans les communes éloignées du chef-lieu inspecterait la caisse et les livres de l'instituteur receveur, lui donnerait récépissé des fonds que celui-ci aurait à placer au trésor pour compte de la commune.

Ceux des environs du chef-lieu apporteraient leurs registres à la recette tous les mois ou tous les deux mois.

Cette inspection peut se faire en quinze minutes.

L'instituteur receveur établirait ses comptes comme il est pratiqué aujourd'hui, les enverrait à l'examen de la sous-préfecture, les rendrait ensuite aux conseils municipaux et de là les expédierait au conseil de préfecture, absolument comme il est fait déjà.

Les instituteurs seraient chargés en outre de prévenir le receveur des finances des changements qui peuvent survenir dans la commune par suite de décès, de déménagements, de ventes, etc.

Les instituteurs devraient être également chargés du service des mutations dans les communes : la plupart sont arpenteurs et connaissent parfaitement toutes les parcelles des matrices cadastrales ainsi que les changements qui surviennent dans la propriété. Ce travail devrait leur être exclusivement confié, et augmenterait encore leurs appointements de 10 à 15 fr. par an.

Un cours de comptabilité communale serait établi dans les écoles normales où sont formés les instituteurs ; et ceux-ci, à leur tour, devraient enseigner à leurs élèves cette même comptabilité.

En sorte que dans dix ans d'ici les conseillers municipaux comprendraient ce qu'est un budget, une recette, une dépense, un déficit, un excédant en caisse, et seraient bons juges du compte qu'on leur présenterait.

Tandis qu'aujourd'hui ils approuvent tout compte de gestion et signent les procès-verbaux sans avoir rien compris.

Je ne m'appesantirai pas plus longtemps sur ce nouvel emploi à donner aux instituteurs.

Je crois qu'il est bien reconnu par tout le monde que les instituteurs peuvent à peine vivre, qu'il en est beaucoup qui accepteraient volontiers une place de domestique s'ils la trouvaient. (Je dis cela parce que je l'ai vu.)

Ainsi tout soulagement, toute augmentation de traitement apportée dans leur position est un immense service rendu à l'instruction populaire et, dès lors, à la république.

Si l'ère d'harmonie annoncée par Fourier doit un jour nous amener l'âge d'or, certes, la meilleure préparation à ces temps désirés est bien l'instruction que nous devons au peuple.

Que les instituteurs espèrent de la république ; c'est elle qui leur donnera ce que les autres leur ont promis jusqu'à ce jour si dérisoirement, ne s'occupant, à leur égard, que de niaiseries tourmentantes et ridicules, les forçant, par exemple, à placer 10 francs par an à la caisse d'épargne. Les malheureux, pour peu qu'ils aient un enfant, seraient obligés de l'envoyer mendier.

O philanthropie, hypocrisie de la charité !

La république ne sera pas philanthrope; mais, dans son amour pour ses enfants, elle saura créer à chacun d'eux des ressources véritables, et le dimanche, où tous ses fils liront un journal en attendant que la ménagère ait servi sur la table la poule au pot d'Henri IV, ce jour-là, la nation pavoisera, les poètes chanteront son bonheur, et tous les peuples jaloux voudront aussi leur place à ce grand banquet fraternel de la liberté et de l'égalité.

Toutes ces réformes, lorsque la république, après un mûr examen, les aura jugées utiles, elle les accomplira avec prudence et sans secousses pour les intérêts privés; en un mot, avec tout le respect dû aux droits acquis.

En peu d'années, la réforme de la perception peut être établie. Ainsi, commençant par le département de Seine-et-Marne : désigner cinquante-six percepteurs de ce département pour occuper toutes les perceptions qui viendraient à vaquer dans les autres départements.

Et avec les quarante-deux autres établir la réforme proposée dans Seine-et-Marne, l'y étudier et opérer les changements qui seraient trouvés utiles.

On pourrait même commencer par un arrondissement et s'assurer ainsi de la facile exécution de ce projet et de son économie pour le trésor, puis continuer, sans jamais destituer, d'arrondissement en arrondissement, de département en département, et dans peu de temps, sans aucune secousse, l'État trouverait dans ses caisses un excédant de recettes d'environ 9 millions.

9 millions et 24 millions de l'ex-roi et sa famille : total 33 millions d'économies déjà réalisées par la république, qui désormais dirigeant toutes réformes, toutes pensées du pays, s'avancera en reine à leur tête, maîtrisant avec sagesse le torrent qui renversait sous l'inertie stupide des royautés, qui maintenant fécondera la France épanchant ses eaux bienfaitrices sur les plaines de l'Europe.

III

Nouveau mode de recrutement pour la marine, qui permettrait de mettre sous voiles, dans deux mois d'ici, la plus belle flotte du monde, avec les équipages les mieux exercés, les mieux payés et les mieux nourris de l'Europe, et qui, pour une année entière d'armement, n'apporteraient dans nos finances qu'un excédant de dépenses de 6 millions, couvert par l'excédant de recettes proposé dans la perception des contributions directes. — Avantages de la marine à vapeur sur la marine à voiles, surtout dans un armement en course.

Depuis bien longtemps on parle beaucoup de notre marine, et, chose dure à avouer, on déplore souvent, non sans raison, la faiblesse de nos équipages.

C'est vrai ! nos équipages ne sont pas exercés, et, selon moi, cette faiblesse n'a qu'une cause, une seule : *le mode de recrutement employé en France.* Changez ce mode, vous aurez les meilleurs équipages du monde maritime, comme, sans trop nous exalter, nous avons les meilleures armées de terre ; car pour nos soldats il n'existe ni knout ni entraves à leur avancement militaire (en temps de guerre surtout), chaque soldat porte dans sa giberne son bâton de maréchal ; vérité qui n'est exacte qu'en France, puisque dans tous les autres royaumes européens on range dans une classe à part l'officier dit de fortune, qui ne peut que bien rarement atteindre les grades supérieurs.

Mais revenons à notre sujet. Comment se lèvent nos équipages de mer ? Un dixième se recrute dans l'inscription maritime, c'est-à-dire au milieu de ces hommes dont le métier est la mer, qui furent mousses et novices, qui, tou, jeunes encore, eurent faim, chaud et froid, habitués au roulis, au tangage, qui, en un mot, voient le vaisseau comme la maison, et la mer comme la patrie.

Les neuf autres dixièmes se recrutent parmi les hommes de la conscription venus de la Champagne, de la Brie, de l'Alsace, de la Bourgogne.

Ils ont vingt et un ans ; on les conduit au port : là on cherche à leur apprendre la manœuvre ; souvent ils se raidissent contre les exigences du service du vaisseau.

Dans le port, où le navire est sans mouvement, on veut les faire monter dans la mâture. Je ne monterai pas, disent-ils ; alors on les attache, un bâton entre les jambes, on les hisse ainsi jusqu'au haut des mâts ; bientôt ils ont le service en horreur, désertent et vendent leurs effets pour se faire condamner par un conseil de guerre aux travaux de discipline, au boulet, peu importe ; avant tout : Ne soyons pas marins, c'est ce qu'ils disent.

J'en ai vu s'estropier, entrer à l'hôpital, pour ensuite se faire congédier. J'en sais qui sont partis du port de Toulon avec de faux congés. Les malheureux payaient des forçats habiles à contrefaire les signatures voulues pour se faire délivrer un certificat de réforme ; car, dans les hôpitaux maritimes, ce sont les forçats qui font le service des malades.

Mais, me dira-t-on, ici vous parlez du petit nombre ; on voit pareilles choses dans les troupes de terre.

Hélas! non, ce n'est pas le petit nombre ; allez à Toulon, visitez nos vaisseaux et dites à ces conscrits. Demain vous serez soldats, mais pour servir neuf ans ; tous accepteraient cette nouvelle position.

Enfin supposons qu'il en est quelques-uns qui acceptent le service des vaisseaux. Au bout de leurs sept ans, ils sont parfaits matelots, ils ont acquis cette sorte de vue qui permet de travailler dans les hauts sans craindre le vertige ; ils sont faits au roulis, au tangage ; savent pointer une pièce, malgré les mouvements du navire, enfin ils sont matelots, mais leurs sept ans sont faits, et tous ces hommes discontinuent la mer et retournent au foyer.

Que feraient-ils dans la marine, où un matelot ne peut obtenir que les galons de sergent, et encore après bien des années, puisque, les adjudants n'obtenant jamais les épaulettes d'officier, les cadres ne se dégarnissent que par les *mises à la retraite.*

Aussi, quelle est la valeur du corps des sous-officiers dans la marine?

Nulle!

A ce point qu'un bon matelot, un gabier, refuse les galons de caporal; il en est (on ne pourra me nier le fait) qui préfèrent se laisser mettre aux fers plutôt que d'accepter le grade de quartier-maître, parce qu'en même temps ils seraient baptisés du titre de *gourganiers* ou *rats de service*, qualification injurieuse sous laquelle les matelots désignent un de leurs camarades qui reste volontiers au service.

Ainsi, sur un navire de 100 hommes d'équipage (au lieu d'un 10ᵉ mettons un 5ᵉ), il existe 20 hommes provenant de l'inscription et 80 de la conscription, ce qui fait 100 hommes de mauvaise volonté; car les matelots de l'inscription détestent aussi le service.

Alors, dira-t-on, il faut cesser d'armer en guerre.

Du courage! lisez-moi jusqu'au bout. Ici je retrace ce qui existe et je n'exagère pas le tableau.

Tout à l'heure j'indiquerai (au moins je le crois) les moyens d'être forts et puissants. Ces hommes, dis-je, exècrent le service, et comment en serait-il autrement?

Ces matelots au commerce reçoivent tous 50 et 60 francs par mois, quelques-uns même, comme maîtres, ont des appointements de 80 et 90 fr. Ceux qui vont à la pêche ont des parts qui s'élèvent jusqu'à 100 fr. par mois. Il en est parmi eux qui servent comme officiers sur les bâtiments pêcheurs ou du commerce. Ceux-là reviennent et rapportent, au bout de 5, 6 et 7 mois de Terre-Neuve, 1,000 fr. à la famille.

Ils reviennent au port; une horrible nouvelle circule dans tous les havres.

Il y a un ordre de levée.

Les équipages entiers se présentent au commissariat pour toucher leur part, leur salaire. On les paie, ils ne savent où placer leur argent; c'est dans leur chapeau, dans leurs poches, dans leurs mouchoirs (ceux qui en ont); mais en même temps M. le commissaire remet à chacun d'eux une feuille de route qui doit les conduire en tant de jours à Toulon, à Cherbourg ou à Brest.

Dès ce moment ils sont matelots à l'État, et les malheureux qui ont femme et enfants, un vieux père à nourrir, recevront tout le temps de leur service de 24 à 30 fr. par mois, sur lesquels 12 fr. sont prélevés pour leur habillement.

Et jusqu'à 50 ans, ces hommes peuvent être ainsi repris pour monter sur les navires de guerre.

Les patrons de pêche eux-mêmes, les patrons au cabotage, ne sont pas exemptés de cette dure servitude; ils sont pères, ils ont des enfants au collége, leurs filles reçoivent une éducation distinguée. La loi est là, la levée n'épargne personne, il leur faut aussi partir pour un port militaire, où ils serviront comme quartier-maîtres ou caporaux sur un navire de guerre.

Là, l'ex-patron, *le maître après Dieu du navire*, c'est ainsi qu'il est désigné sur ses lettres de bord, aura pour compagnons, pour supérieurs même, les matelots que naguère il payait, commandait sur un brick dont il a peut-être une part.

Oui, ses propres matelots peuvent être ses chefs demain, car quelques-uns d'entre eux sont déjà contre-maîtres ou sergents au service, tandis que lui souvent n'est que caporal.

Et ces pauvres patrons, qui étaient rois à leur bord, recevront de l'État, pour un mois de leur temps, 36 ou 40 fr., ils en gagnaient 400.

C'est dur; qu'y faire? pourquoi n'ont-ils pas 50 ans? ils n'iraient plus au service. Mais, hélas! alors adieu mon beau navire, adieu la carrière et ses bénéfices payés au prix des dangers les plus grands, adieu le banc de Terre-Neuve, ses brumes et ses glaces, école si redoutable de nos meilleurs matelots, de nos meilleurs patrons; la goutte arrive, les yeux ne voient plus à travers le brouillard les dangers menaçants où se perdent tous les jours les vaisseaux et les hommes.

Alors l'État les laisse tranquilles : les malheureux quelquefois sont aveugles ou leurs membres sont gelés.

Mais ceci arrive rarement, me sera-t-il répondu.

Hélas ! il n'est pas un de ces hommes qui, à 50 ans, ne puisse présenter 12 à 15 ans de service; et notez bien que pour eux il n'est point de tirage au sort, point de conscription; tous servent, pas d'exception.

Qu'on réponde !

À ce prix, sous un pareil régime, avant peu trouverait-on des charpentiers, des maçons pour construire des maisons?

Voyez-vous ces hommes dont l'état est périlleux, mais qui reçoivent 3 et 4 fr. par jour, obligés, sur un ordre, de venir faire leur métier, casernés, payés comme des soldats?

Les voyez-vous jusqu'à l'âge de 50 ans, toujours sous le coup d'un ordre de levée, prêts à quitter la femme et les enfants?

Non, on n'y songe pas. Ceci est atroce.

C'est d'un autre sièle.

Aussi tous les jours l'inscription diminue, nos vaisseaux vont aux États-Unis. Des équipages entiers y désertent, depuis le mousse jusqu'au matelot le plus vieux.

Et pourquoi?

Parce que (et je défie qu'on puisse le contester) là, au moins, nous ne serons pas levés pour le service, disent-ils.

Nous ne risquerons pas, après avoir gagné 50, 60, 80 fr., de toucher 24 fr., dont 12 fr. de retenue, restent 12 fr., et de plus mal nourris, et ce jusqu'à 50 ans.

Je ne parle pas ici de la discipline : je suppose qu'elle est ce qu'elle doit être; qu'on ne donne pas de coups de corde; que les maîtres ne font pas courir la garcette à la main en hissant les huniers ou brassant les basses vergues.

Enfin, j'accorde que tout se passe on ne peut mieux; mais voici notre inscription diminuée et nos équipages désertés.

Au reste, ils ne sont pas perdus pour tout le monde.
Qu'une frégate, un vaisseau, arment à Norfolk ou dans la
Chesapeak, tous nos matelots y vont, non-seulement nos
matelots, mais ceux de l'Angleterre, où le recrutement
n'est guère meilleur qu'en France.

Et pour armer une flotte, l'Union n'a besoin ni d'ordre
de levée ni de la presse, qui met à bord d'un vaisseau anglais des tisserands, des cordonniers, des tailleurs de pierre.

Aux États-Unis on affiche dans tous les ports que telle
frégate, tel vaisseau, sont en armement; la paie est au
commerce de 12 dollars, celle du gouvernement y sera de
12 dollars et demi, alors les matelots d'accourir; il faut
1,500 hommes, on en a 3,000.

On les met en rang, leur livret à la main; les officiers
inspectent, prennent les plus beaux hommes et les meilleurs livrets, et le reste s'en va triste de ne pouvoir servir
sur un bâtiment où l'on est bien payé, bien nourri, où de
bon pudding, presqu'à discrétion, remplace les gourganes
et les phaios (1) de nos équipages que refusent souvent les
forçats. (A la lettre.)

Maintenant adoucissez un peu la discipline du bord, tâ-
chez d'appartenir au xixe siècle; ménagez à ces hommes,
que décime la manœuvre encore plus que la mitraille, l'es-
poir de l'avancement, faites-le lent, mais enfin qu'ils puissent espérer.

Qu'ils aient des officiers sortis de leur rang, et la marine
comptera moins de journées de Trafalgar, d'Aboukir. Elle
aura, comme l'armée, ses Marengo, ses Fleurus, ses Aus-
terlitz.

Car enfin, sous l'empire et sous la république, nos corsaires, où le service était libre, ont eu des victoires magnifiques.

Saint-Malo avait Surcouf;

Dieppe, Balidar;

Cherbourg, Ponthieu;

____

(1) Fèves sèches et haricots de mauvaise qualité.

Boulogne, Bucai, fait baron par l'empereur; et c'étaient les mêmes hommes qui sur un bâtiment de guerre se laissaient bloquer des saisons entières dans la rade de Brest, qui sur les corsaires devenaient fanfarons, poussaient jusqu'en Angleterre dans de mauvaises chaloupes, et revenaient à Dieppe avec un soldat au port d'armes dans sa guérite anglaise, pour prouver aux Dieppois que, s'ils avaient rencontré un navire, ils l'eussent ramené de même.

Donc les hommes sont bons, mais les choses sont mauvaises.

Voici qui est très-bien, diront ces hommes qui, comme des enfants ou des vieillards, osent à peine mettre un pied devant l'autre, craignant que la terre ne manque sous leur second pas.

Nous avons des navires parfaitement armés, mais jamais l'inscription ne fournira un contingent assez nombreux pour armer une flotte entière; et puis ensuite vient la question financière : les équipages doublement payés et mieux nourris seront une ruine pour l'État.

Examinons d'abord la question financière.

Soit donc 20,000 d'équipage, mais uniquement répartis sur les vaisseaux ; car, pour le service de vos ports, de vos arsenaux des côtes, vous aurez des troupes que vous continuerez à payer comme des soldats. Or, avec 20,000 d'équipage, on peut armer 20 vaisseaux de 100 pièces de canon.

20,000 d'équipage, payés 50 fr. au lieu de 25 fr., vous donnent une augmentation dans l'année de 6,000,000 fr., et certes voici un bel armement, 20 vaisseaux de premier rang sur le pied de guerre.

Quant à la nourriture de l'équipage, inutile de dépenser un centime de plus; diminuez le nombre des agents employés aux vivres, donnez aux commandants conseillés par leurs états-majors un peu plus de latitude, qu'ils puissent, en partant, choisir eux-mêmes leurs vivres.

Cessez de donner aux équipages des viandes salées. N'est-ce pas une honte de penser que stupidement les matelots mangent encore du bœuf salé, souvent pourri, infect, qui coûte 55 centimes au gouvernement, y compris le sel et les os; viande qu'il faut laver pendant vingt-quatre heures avant de la faire bouillir, viande sans suc, sans autre goût que celui du sel, lorsqu'on vend à Nantes et dans tous les ports de mer des boîtes de bœuf désossé conservé par le procédé Apert, à raison de 75 centimes la livre. Ces boîtes de daubes, excessivement substantielles, ne coûtent que 4 sous de plus que le bœuf salé, pourri, infect, et avec un bon tiers d'os, et nos équipages, dans leurs longues campagnes, sont décimés par le scorbut.

Plus de viandes salées, plus de scorbut.

Le scorbut à bord d'un navire devrait conduire le commandant sur la sellette d'un conseil de guerre.

Si les commandants s'occupaient un peu plus de la santé de leurs hommes, il n'y aurait jamais de ces maladies à bord.

Je le répète, tout cas de scorbut devrait être traduit devant un tribunal maritime. Et cette accusation serait plus juste, mieux fondée que celle qui conduit à la barre le marin assez malheureux pour avoir perdu son vaisseau. Là souvent l'homme ne peut rien; mais, pour le scorbut, le jour où les équipages mangeront du bœuf daubé, lui seul en sera l'auteur.

Cette réforme dans les vivres de mer devrait être exécutée dès demain. Il n'est pas besoin de commission pour déclarer que le bœuf daubé vaut mieux, est d'une plus grande économie que le bœuf salé, dont on achèverait les quantités en magasin dans les bagnes.

Nous l'avons, je crois, suffisamment démontré, l'objection financière est nulle. Elle ne peut balancer un seul instant les immenses avantages d'un nouvel ordre de choses.

Elle n'existerait même pas si on tenait compte des dépenses à faire pour former les conscrits au service du bord.

Maintenant vient l'objection du nombre de matelots.

Je réponds :

1º **Les** désertions deviendraient nulles, il n'y aurait plus de déserteurs que les mauvais sujets ou les lâches. Ceux-là, tant mieux qu'ils s'en aillent. La raison de la levée ne serait plus là pour faire passer à l'étranger nos meilleurs matelots.

2º Les cadres de l'inscription s'augmenteraient bien vite du jour où sur le littoral on n'aurait plus à craindre la levée, l'horrible levée, qui enlève à l'homme sa liberté et son salaire, et surtout son salaire, car le salaire, c'est le pain de la famille.

Les matelots la plupart délèguent à leurs parents le tiers de leurs gages.

Alors ils délégueront les 2/3, la famille touchera 33 fr. au lieu de 8 fr., et les levées n'auront plus rien de redoutable ; elles n'existeront plus, on fera comme aux États-Unis, on choisira 1,500 matelots sur 3,000 qui se présenteront.

Maintenant passons à une autre idée : augmenter autant que possible la marine à vapeur aux dépens même de la marine à voiles.

Je ne parlerai pas ici de la rapidité des voyages, de la facilité des communications, toutes choses parfaitement acquises à la marine à vapeur.

Mais voici, je crois, quelques idées qui n'ont pas encore été émises, et qui prouveront jusqu'à quel point la marine à vapeur serait fatale aux ennemis, en temps de guerre, et qui peuvent s'appliquer à tous navires naviguant isolément.

J'armerai un bateau à vapeur à deux étraves ou proues et deux gouvernails, c'est-à-dire que ce bateau ne serait plus obligé, pour changer sa route, de virer de bord. Il veut aller au nord, le gouvernail de l'étambot fonctionne ; il veut aller au sud, celui de l'étambot est fixé au moyen d'amarres, liens, etc., et celui de l'étrave fonctionne à son tour.

La marche du bateau est changée, cap pour cap, sans avoir été interrompue.

J'aurai quatre pièces de la plus grande portée et quatre chefs de pièce de la plus grande adresse possible.

Mes places de chefs de pièce se donneraient au concours, au Hâvre ou dans un autre port, elles seraient très-fortement rétribuées, de manière à attirer les meilleurs tireurs des bords de l'Océan.

Je pars pour la pleine mer, navire en vue.

C'est un vaisseau de 100 pièces portant pavillon ennemi. J'arrive sur lui, en gardant la distance qui me convient. Je navigue dans ses eaux, par son arrière, par son travers, par sa proue, sous le vent, au vent; en un mot, je cherche la position qui lui est la plus fâcheuse; s'il court vent arrière, je me tiens droit par sa poupe; au plus près, droit par son bossoir de dessous le vent. Je cours sur lui, mes chefs de pièce visent, font feu, et aussitôt je fais route en sens contraire sans changer la position de mon navire, sans risquer de présenter le travers à l'ennemi, enfin je m'éloigne ; je recharge tranquillement mes quatre pièces, répare à mon aise mes avaries, si un boulet m'a frappé; et puis, lorsque je suis en état, je reviens encore lâcher mes deux coups, et au bout de cinq heures d'un pareil combat, le vaisseau de 100 pièces coulera bas, sous ce feu si prudent d'un ennemi armé de quatre pièces de canon et monté par vingt hommes d'équipage.

Je trouve ceci tellement évident, que, si je m'appelais M. Arago, ministre de la marine, je défendrais à tout vaisseau de 100 de sortir, en temps de guerre, sans être accompagné d'un petit bateau à vapeur pour le protéger contre les attaques de ces tirailleurs de la mer.

Dépêchons-nous d'être une grande puissance maritime. Réparons le temps perdu, le siècle marche vite, la vapeur n'attend pas.

L'isthme de Suez va tomber bientôt sous la pioche des mineurs. Alors adieu à la navigation du Cap, et nous ne serons pas prêts.

Tout viendra de l'Inde, le pays aux richesses fabuleuses. Bientôt la Chine aussi enverra ses nombreuses marchandises, demandant en retour tous nos vins, nos articles de Paris et de Lyon. Avant vingt ans, Beaudrand et Bâton enverront leurs chapeaux et leurs fleurs à Canton, les magasins de *l'Arbre-Sec* et du *Petit Saint-Thomas* leurs modes, leurs toiles, leurs dentelles.

Tout passera par Suez, le siége du monde sera la Méditerranée. Nous avons Alger, nous avons Marseille, nous pouvons être maîtres.

L'Angleterre est là-bas, à l'autre bout de l'Europe. Que de difficultés n'aura-t-elle pas à vaincre pour rester maîtresse du commerce du monde !

Notre position unique sur les deux océans nous appelle à devenir l'entrepôt de l'univers.

Comme Venise était grande, riche et puissante autrefois, avant que les vaisseaux aient osé se frayer une route en doublant toute l'Afrique pour aller dans les Indes !

Elle fut reine du monde, tout le commerce d'Orient en Occident se faisait par elle.

L'isthme de Suez percé, ce serait comme autrefois, les vaisseaux n'iraient plus doubler le Cap.

Tout passerait par Suez. Ah ! bienheureux les États qui doivent succéder à Venise !

Hâtons-nous, hâtons-nous, il en est encore temps. Nous sommes libres aujourd'hui, plus de chaînes dynastiques à faire prévaloir dans les congrès avant les intérêts du pays.

Le temps presse, hélas ! Nous avons tant reculé sous ces 15 derniers ans !

IV.

Plus de droit de visite, et moyen de sauver nos colonies de l'agonie qui les étreint, tout en proclamant l'abolition de l'esclavage.

Le droit de visite, le fatal droit de visite ; ah ! maudits ceux qui l'ont accepté. Ou ceux-là sont bien ignorants des intérêts du pays, ou, par une lâche complaisance pour l'Angleterre et le roi qui lui était vendu, ils ont, en le sachant, sacrifié notre commerce, notre marine et nos colonies;

Les colonies qui, si elles étaient protégées, pourraient alimenter 300 navires que montent 60,000 hommes d'équipage. Bourbon, la Guadeloupe et la Martinique suffiraient ; que serait-ce si nous avions Madagascar ? Mais coloniser, on sait ce qu'il en coûte ; la dévorante Algérie est là comme un avertissement donné à la mère patrie.

Il faut donc se contenter des colonies que nous possédons aujourd hui ; mais les malheureuses se meurent, bientôt elles auront cessé de vivre; on les a livrées pieds et mains liés à l'Angleterre.

Lorsque la Russie a dit : La Pologne, ce boulevard de la civilisation, demain nous la tuerons ; ses enfants, nous les enverrons cultiver les neiges de la Sibérie ; sa religion, son culte, nous les anéantirons ; sa postérité future disparaîtra de dessus la surface de la terre ; leurs mariages, nous les empêcherons ; il faut que cette race ait cessé d'exister. Leur libéralisme infectait jusqu'à nos États; qu'ils meurent, qu'ils meurent tous, qu'ils meurent jusque dans leurs enfants.

Enfin, nouvel Hérode, un siècle plus tôt l'autocrate eût ordonné le massacre des innocents.

Sur tant d'horreurs, sur ce malheureux pays rayé ainsi de la carte du monde, sur ces pauvres proscrits qui vont pleurer par toute l'Europe la patrie anéantie, l'Angleterre, dans sa philanthropie, verse des pleurs ; mais c'est tout : ses vaisseaux restent aux ports, ses trésors dans ses caves, ses canons dans ses arsenaux.

Que faire ? c'est malheureux ; mais que rapporterait une expédition faite pour les Polonais ?

Ah ! lorsqu'il s'est agi de proclamer l'abolition de l'esclavage des noirs, qui enfin ne sont pas nos frères comme les Polonais, rien ne leur a coûté ; montrons l'exemple, se sont-ils écriés ! Nous avons des colonies, la Jamaïque, Saint-Louis, l'île de France, qui sont les voisines de la Guadeloupe, de la Martinique, de Bourbon.

Meurent nos colonies plutôt qu'un principe ! Plus d'esclavage, plus de traite. Armons des flottes, dépensons des millions, que nos escadres croisent en tous sens sur la côte d'Afrique, protégeons ces malheureux qu'on voudrait enlever à leur affreux pays.

Et, ainsi que les leurs, nos colonies sont mortes, et notre marine se meurt ; jamais on ne la relèvera. Le sucre indigène et l'émancipation des noirs, sous ces deux étreintes-là, dans trente ans nos ports eux-mêmes ne seront ouverts qu'aux pavillons étrangers ; le drapeau tricolore sera bientôt ignoré sur les plages lointaines.

Il n'existera plus pour ces nations éloignées que des vaisseaux anglais ; c'est alors que la reine pourra dire en frappant du pied l'Océan : C'EST A MOI, A MOI SEULE.

Mais si, au lieu de donner tête baissée, comme nous l'avons fait, dans cette ruse si grossière du libéralisme de l'Angleterre, défendant si bien la liberté des noirs, et laissant la Pologne dans son linceul, et égorgeant l'Irlande en lui tournant au cœur son couteau de boucher ; si nous pouvions sauver nos colonies, tout en accordant aux nègres leur émancipation ; en un mot, si nous pouvions sauvegarder nos intérêts, et proclamer l'abolition de l'esclavage.

Ne devrions-nous pas user des moyens qui amèneraient un si heureux résultat?

D'abord qu'on se pénètre bien d'une vérité : les nègres, à la côte d'Afrique, n'ont d'autre existence que l'existence animale; transportez-les dans nos colonies, au bout de quelques années leur intelligence commence à se faire jour, et enfin la génération suivante forme ce qu'on appelle les nègres créoles, qui souvent font d'excellents ouvriers, dont quelques-uns deviennent tailleurs, horlogers, imprimeurs même.

En Afrique, les noirs sont malheureux.

Toujours en guerre entre eux, la plus heureuse condition des prisonniers est encore de venir peupler nos colonies.

Mais que de souffrances dans leur traversée! quelle épouvantable misère! Et cela pourquoi?

Parce que la traite est défendue et que, dès lors, les traitants se mettant hors la loi, deviennent, en peu de temps, des hommes horribles faisant un abominable métier qui conduit aux galères.

L'homme qui s'expose à entrer au bagne, de ce jour n'a plus de remords, rien ne l'arrête. Que peut la conscience chez qui ne redoute pas l'infamie.

Mais si la traite, au lieu d'être défendue et, par conséquent, au lieu d'exiger des bénéfices énormes, était permise, était régularisée, protégée même?

Si la France déclarait que les navires peuvent charger à la côte des nègres passagers, soit que ces noirs se rendent volontairement à leur bord, soit qu'ils leur soient vendus par les chefs qui les ont faits prisonniers?

Car pourquoi ne pas les acheter? Dans ce cas, c'est, en quelque sorte, les racheter (qu'on me pardonne ce jeu de mots). C'est comme lorsque autrefois l'on rachetait les chrétiens dans les États barbaresques.

Seulement ces noirs, rachetés à leurs ennemis, devraient la somme de leur rachat jointe à celle de leur passage.

Les noirs passagers de leur propre volonté ne devraient que la somme de leur passage.

Dès lors les navires qui feraient en plein jour un commerce licite, protégé même, n'auraient plus besoin de réaliser des bénéfices énormes.

En cours de voyage, ils n'auraient plus à affronter la confiscation et les peines infamantes.

La traite donc (conservons encore ce mot) se ferait humainement et loyalement.

On débarquerait les nègres aux colonies. Chaque noir aurait un livret sur lequel on indiquerait la somme due par lui, une somme fixée par la loi : 500 fr., je suppose, pour les nègres rachetés, et 250 francs pour les nègres passagers.

La loi établirait que chaque noir devrait à son maître pour sa nourriture et son entretien, qui seraient réglementés par des ordonnances, cinq jours de travail par semaine; les deux autres jours seraient employés par lui pour gagner le pécule nécessaire à son rachat.

Plus ce noir serait courageux, plus tôt il aurait acquitté sa dette, et meilleure serait la garantie qu'il donnerait de son aptitude au travail.

Pour plus de sécurité, exigez même de lui qu'il acquière quelques ares de terre qui seront sa propriété, et de cette sorte les colonies vivront.

Tandis que l'émancipation, telle qu'on veut la pratiquer, achèvera leur ruine.

La population noire ne sera jamais suffisante pour la culture des terres. Les nègres d'ailleurs n'auront pas contracté l'habitude du travail, et comment espérer que dans un pays où l'indigène n'a besoin pour vivre que de cueillir le fruit que lui tend le bananier, il aura le courage, domptant la paresse innée chez l'homme, de s'exposer aux feux du jour et de mouiller la terre de ses sueurs?

Ce serait déraison : il faut que le travail aux colonies soit exigible, alors vos champs seront cultivés; et si la canne à sucre doit périr dans son duel avec la betterave, eh bien! on cultivera de nouvelles plantes, le café, l'indigo, la cannelle, la muscade : tout vient sous le soleil tropical.

Mais aujourd'hui, nos colonies, avec leur peu de population, ne peuvent vivre qu'à la condition d'avoir la traite des nègres organisée d'Afrique à nos Antilles et à Bourbon.

Maintenant, exigez que le sort des noirs soit adouci; rendez-les mille fois plus heureux que les quarante millions d'Indiens et de Bengalis, qui eux sont esclaves, dans leur propre pays, du peuple marchand, et l'humanité n'aura plus à gémir, et la France maritime sera sauvée des coups que lui portaient nos ennemis.

« Monsieur de Lamartine, M. Châteaubriand, un autre poëte comme vous, aux larges et nobles idées, l'avait bien compris, lorsqu'il répondait à lord Wellington, qui venait à chaque congrès, sa pétition à la main en faveur des nègres, comme autrefois Caton d'Utique avec le *Carthago delenda est* (traduction libre à l'usage de Sa Grâce : Vos colonies doivent mourir); lorsque M. de Châteaubriand, dis-je, répòndait à cet Anglais qui demandait le droit de visite et la confiscation des navires en traite.

La charte de S. M. T. C. abolit la confiscation. Quant au droit de visite, si le gouvernement français pouvait jamais y consentir, il aurait les conséquences les plus funestes; on verrait alors en pleine paix le sang français couler sur les rivages de l'Afrique, etc., etc. (*Congrès de Vérone*, p. 83 et précédentes) A vous maintenant Monsieur de Lamartine de défendre le pays, sauvez la marine; il faut que le droit de visite soit aboli et que nos colonies vivent; mieux vaudraient vingt Trafalgar ruinant nos arsenaux que le droit de visite.

Car, monsieur, ce n'est pas une perte de fer, de bois, de matériaux, d'hommes que nous faisons. C'est plus que tout cela, c'est la perte des traditions.

Après un Trafalgar, les mères du littoral diraient : Dépêchons-nous, que nos enfants s'embarquent; le commerce est bon ; son pauvre père est mort ; mais avant le combat, comme l'argent et le pain venaient à la maison !

C'est à qui partirait, pressé par l'or que promettent les voyages.

Les flottes se recruteraient plus nombreuses qu'autrefois, et de nouveaux Trafalgar deviendraient impossibles.

Mais le commerce mort, on verra la mer sans comprendre les richesses qu'elle donnerait. Il y aura encore quelques barques de pêcheurs, qui gagneront à grand'peine un modique salaire ; mais les femmes du rivage diront vite à leurs fils : «Ne navigue pas, ne va pas à la pêche ; ah ben, tu serais matelot, et puis l'État te prendrait.

« Non pas. Sois maçon, cordonnier, voilà un bon état ; mais pêcheur, à quoi bon ? Pour être requis par le service et gagner en temps de paix vingt ou trente sous par jour. Je te défends d'aller pêcher, il n'y a rien à gagner. »

Et bientôt les côtes de la France seraient désertes de vaisseaux, il n'y aurait plus de marine.

Je le répète, dans toute la pureté de mon patriotisme et avec une grande douleur, car, hélas ! je n'espère pas que ma voix soit écoutée, si le mode que j'ai proposé plus haut pour le transport des noirs dans nos colonies n'est pas adopté, la marine mourra.

Monsieur de Lamartine, la nation a confiance en vous, hâtez-vous ; sauvez-nous, et, rien que pour cette page de votre vie, *il a rompu les traités qui accordaient le droit de visite*, la patrie vous devra son encens. Vous aurez déjoué les ruses de l'Angleterre, perdant ses colonies pour perdre aussi les nôtres, sachant bien qu'à eux il leur restait l'Inde pour soutenir leur marine.

Réduisez le nombre des fonctionnaires, épargnez sur l'armée.

Les soldats, en France, sont tout faits. Rappelez-vous 93, il suffisait de frapper le sol pour faire surgir des héros. Le courage est français, mais les matelots sont des hommes à part, il faut la mer et bien des années pour en avoir un peuple.

La Méditerranée est là ; que la France en obtienne l'empire : reine par les idées, soutenons son trône par le commerce du monde.

Sinon l'Angleterre nous rangerait bientôt parmi tous les peuples tributaires de ses manufactures qui soutiennent sa puissance en lui donnant leur or.

La conquête aujourd'hui ne marche plus sous l'égide du courage et des armes meurtrières, elle se fait précéder de colis et de ballots.

Les armées appelées à régner sur le monde, ce sont celles du travail et de l'industrie, qui dictent leurs lois aux plages les plus lointaines, sans quitter leur pays.

V.

Considérations sur les assemblées primaires établies par communes et
sur les élections générales au chef-lieu d'arrondissement.

Je n'eusse pas publié ces réflexions, si, depuis la proclamation de la république française, je n'entendais dire partout autour de moi : Il n'y a de possibles que les assemblées primaires établies par commune.

Comment, s'écrie-t-on, tout un arrondissement ou même tout un canton pourrait-il se réunir au chef-lieu? Ce serait un désordre épouvantable.

En supposant même que tout se passe pacifiquement aux élections, qu'il n'y ait point de ballottages, de contestations, il faudrait au moins huit jours pour nommer un député au chef-lieu d'arrondissement, ou pour nommer aux cantons les cinquante électeurs destinés à se réunir ensuite au chef-lieu du département.

Comment pourra-t-on retenir huit jours de suite les citoyens réunis au chef-lieu d'arrondissement?

Et les assemblées préparatoires, et les professions de foi verbales des candidats! C'est impossible, répète-t-on. Vous ne prétendez sans doute pas qu'on puisse voter pour un candidat qui n'exposerait pas ses opinions politiques? Sept ou huit candidats au moins se présenteront par arrondissement : discussions entre les candidats, apostrophes de ceux-ci, réponses de ceux-là.

Voici trois jours d'assemblées préparatoires, et rien n'est encore fini.

Les contribuables fatigués s'en iront sans voter.

Et les électeurs seuls du chef-lieu, et ceux qui peuvent

perdre huit jours de leur temps, seront alors maîtres des élections.

Quant aux assemblées primaires réunies au canton, ce serait à peu près le même désordre : il n'y aurait pas autant d'électeurs, mais il y aurait plus d'élections à faire; et puis nous aurions le même résultat qu'aux assemblées primaires établies par commune, car chacune d'elles présenterait et appuierait les candidats dont l'élection aurait été préparée dans la commune par l'aristocratie territoriale, qui alors serait presque aussi forte au canton que dans les communes.

Ainsi, au moment où commencent les travaux champêtres, vous déplacez toute une population pour plusieurs jours, sans éviter l'influence des grands propriétaires qui vous.effraie tant.

A cela je réponds :

C'est vrai ; les assemblées primaires tenues au chef-lieu de canton se laisseraient encore dominer par l'aristocratie territoriale ; toutefois, je préférerais ce mode à celui des assemblées primaires tenues par commune. Moins la fraction sera faible, plus la corruption sera difficile.

Quant aux difficultés que présentent les élections générales au chef-lieu d'arrondissement, je les crois bien exagérées.

Il est possible de diviser l'élection en deux époques ou deux dimanches.

La première serait consacrée à l'assemblée préparatoire; ce jour-là, se ferait la présentation des candidats, se discuteraient les professions de foi, s'adresseraient les interpellations, enfin se préparerait l'élection; et sept jours après, c'est-à-dire le dimanche suivant, les électeurs se représenteraient de nouveau, ayant déterminé et mûri leur choix.

Toute discussion pourrait être interdite ce jour-là ; alors le récolement des votes se ferait paisiblement et sans aucun désordre. S'il y avait ballottage, on l'annoncerait le jour même, et un troisième dimanche serait consacré pour terminer l'élection.

L'inconvénient d'un séjour prolongé existait déjà sous l'ancien régime : à Meaux, l'élection a été disputée pendant trois ou quatre jours.

Et puis, n'est-il pas dans la nature des choses humaines de ne pouvoir être parfaites ?

J'admets qu'il est fâcheux de déplacer ainsi la population trois dimanches de suite, inconvénient, d'ailleurs, qui serait le même pour les assemblées primaires réunies au canton ; car, d'un côté, si les communes sont plus rapprochées du canton que du chef-lieu d'arrondissement, de l'autre, il y a moins de rapport, moins de communication, moins de routes praticables entre le chef-lieu de canton et la commune, qu'entre celle-ci et le chef-lieu d'arrondissement, où les affaires, soit judiciaires, soit administratives, appellent si souvent, où le marché est plus considérable. Ainsi je crois que, pour la population, il n'y a pas avantage à se réunir au canton plutôt qu'à l'arrondissement.

Le seul mode où le déplacement soit évité, c'est celui des assemblées primaires convoquées par la commune.

Mais quel serait le résultat que donnerait ce mode d'élection ? La pensée pure et complète de l'aristocratie territoriale, des seigneurs de village (car nous avons encore des seigneurs, sans droits temporels il est vrai, mais avec toute l'influence morale d'autrefois).

Presque toutes les communes rurales sont gouvernées par un marquis, comte, baron ou grand propriétaire ; tous tenant, soit au parti légitimiste, soit au parti *borne* que vous venez de renverser.

Ces messieurs disposeront à leur gré des élections communales et enverront au chef-lieu d'arrondissement des hommes qui se conformeront scrupuleusement aux instructions qu'ils auront reçues ; car, sinon, le charpentier, le maréchal, le menuisier, dont on aurait fait choix, ne travailleraient plus pour M. le marquis. L'épicier, le boucher, le boulanger, ne fourniraient plus le château.

Vous exagérez, dira-t-on, cette puissance de l'aristocratie territoriale; peu d'entre eux sont maires dans les communes.

C'est vrai, mais c'est parce qu'ils refusent des fonctions qui ne leur donneraient que de l'ennui et des ennemis. Mais tous sont conseillers municipaux et dirigent comme ils l'entendent le maire, l'adjoint et les affaires de la commune, décident de la vicinalité des chemins qu'ils subventionnent souvent avec largesse, sont maîtres de l'instruction primaire en accordant une partie du chauffage à l'école, dominent l'église et les âmes pieuses par le desservant commensal habituel du château; influencent même le notaire dont le crédit est grand dans les alentours, en parlant à l'étude de nouvelles acquisitions à faire de coupes de bois qu'on adjugera désormais par ventes notariées.

Ce sont eux qui commandent le travail, aident les indigents, autorisent le ramassage du bois mort. En un mot, leur omnipotence est une chose parfaitement acceptée et rarement discutée.

Vous aurez donc à lutter : 1° contre le parti légitimiste, dont cette révolution, due, comme toujours, à l'héroïsme républicain, ravive toutes les espérances; parti bien faible par son nombre, mais bien fort par ses richesses; ses richesses territoriales surtout;

2° Contre ceux que vous venez de renverser, mais qui comptent bien sur les assemblées primaires pour vous lancer leur dernier trait.

Point de fausses illusions, point de fausse sécurité : réunissons tous nos efforts pour obtenir des élections générales au chef-lieu d'arrondissement.

Là il fera grand jour; la corruption triste et cachée, errant de groupe eu groupe, s'adressant humblement, ne pouvant mendier du regard qu'un secours isolé, quittera le champ d'élection avec la rage de son impuissance;

Tandis qu'au village elle irait sans pudeur, portée par ses valets, la tête haute et la voix criarde, ordonner sa victoire, qu'elle paierait largement par trois pièces de vin quelques violons qui, le soir, feraient danser les gars.

Et puis nous aurions au sein de l'assemblée nationale nos ennemis travaillant, non pas comme vous, au soleil, lorsque vous renversiez une restauration impie et sacrilége que protégeaient des drapeaux qu'on avait traînés dans le sang à Waterloo, ou bien à la pluie et au vent, lorsque hier encore vous chassiez tous ces hypocrites qui, nous ravissant notre première victoire, continuaient un règne parjure et traître au pays.

Non, ce serait à l'ombre et sous terre qu'ils mineraient la république !

Mais au chef-lieu, l'amour de la patrie, les élans les plus nobles du cœur, la voix vibrante du tribun qui s'enivre en rêvant au pays les plus grandes destinées, pourront seuls entraîner des milliers de Français que ne sauraient dominer de chétifs intérêts.

Non, non, ne fractionnons point la puissance du peuple : si sa voix pouvait se faire entendre comme en une seule voix, ce serait la voix *de Dieu*.

Jugez quels envoyés viendraient consolider l'édifice républicain, dont le peuple a cimenté les fondements avec son sang, et dont la coupole, hardie et majestueuse de force et de puissance, dominera bientôt l'Europe entière.

Maintenant, tous les électeurs sont éligibles.

Donc, autorisation aux arrondissements de voter un traitement pour leurs représentants.

Tous électeurs sont éligibles lorsqu'ils ont l'âge requis par la loi. Pour moi, j'admets ce droit sans exception ; pas d'incompatibilités ; les fonctionnaires comme les avocats, les médecins, en un mot, comme tous les électeurs.

Pourquoi donc les fonctionnaires, qui mettent leur vie, leur travail, leur intelligence, tous les jours au service du pays, seraient-ils expulsés de la représentation nationale?

Serait-ce parce qu'ils apportent des connaissances spéciales au sein de l'assemblée ?

Les choses n'en eussent pas été plus mal si la marine avait été représentée plus largement, et surtout avec des idées plus élevées, à la chambre des députés ; on n'entendrait pas aujourd'hui les coups de corde siffler sur le dos des matelots de la république française.

Le xixᵉ siècle, après avoir traversé la grande époque de la révolution, n'en serait pas réduit à se servir, pour la marine, du code de Louis XIV, ce despote insensé, dont le fol orgueil prenant pour devise : *Nec pluribus impar*, tout en se croyant Dieu, ordonnait dans les bras de la Maitenon les dragonnades, qui scellèrent du sang des martyrs la révocation de l'édit de Nantes.

Si vous aviez eu plus d'hommes spéciaux à la chambre, le recouvrement des impôts ne coûterait plus au trésor 15 ou 18 pour 100, qui sont ainsi ravis à la fortune publique.

On aurait peut-être trouvé des hommes assez courageux pour présenter une organisation financière moins ruineuse.

Ce que je dis là s'adresse non pas seulement à la perception de l'impôt des contributions directes, mais aussi à la perception des contributions indirectes, des douanes, du timbre, de l'enregistrement, des domaines, dont les revenus arrivent au trésor diminués déjà de plus d'un sixième.

Eh bien! si l'on n'avait pas chassé de la chambre les hommes spéciaux, ces questions seraient probablement résolues aujourd'hui.

Non-seulement les fonctionnaires ne devraient pas être exclus de l'assemblée, j'avance plus, je dis que chaque corps d'état, chaque branche des administrations civiles ou militaires, devraient être représentés à l'assemblée nationale, pour aider à résoudre les propositions qui leur seraient respectivement spéciales.

En admettant les fonctionnaires, dira-t-on, vous formerez au sein de l'assemblée une catégorie à part, vous serez des députés payés; ou, en supposant que la représentation nationale soit désormais rétribuée, vous recevrez de doubles appointements. En un mot, vous mangerez à deux râteliers.

Non.

Tout fonctionnaire envoyé à l'assemblée cesserait dès

ce jour de remplir ses fonctions et d'en recevoir les émoluments.

Il serait pourvu à son remplacement temporaire par le gouvernement. Mais, à l'expiration de son mandat, soit qu'il le récuse, soit que les électeurs veuillent un autre représentant, le fonctionnaire viendrait reprendre ses fonctions avec ses émoluments;

Mais sans que le mandat qu'il vient de remplir puisse lui servir pour son avancement.

Non! le temps de la représentation à l'assemblée ne lui serait même pas compté pour la retraite.

Dès lors on ne saurait plus reprocher au fonctionnaire de former une classe privilégiée dans la représentation nationale.

L'avocat, le médecin, peuvent reprendre leurs fonctions lorsqu'ils cessent d'être députés; le notaire, le maître de forges, le banquier, le négociant, continuent même leur carrière, quoique représentant la nation.

Le fonctionnaire, le militaire, le marin, feront un plus grand sacrifice : tout le temps que durera leur mandat de représentant sera perdu non-seulement pour leur avancement, mais même pour leur retraite.

A de pareilles conditions, il me semble que le pays peut accorder sa confiance au fonctionnaire comme au fabricant de chandelles.

Tous les électeurs sont éligibles; donc autorisation aux arrondissements de voter un traitement pour leurs représentants. J'espère que bientôt même l'assemblée votera un traitement à tous ses membres; il est temps que les députés soient payés : depuis qu'ils ne le sont pas, les choses ont été assez mal. Ils ont trop souvent cherché à se payer de leurs mains, soit en places pour leurs petits, en chemins de fer pour eux-mêmes.

Enfin, à force de ne pas être payés, le présent ne leur suffisant plus, ils ont dévoré l'avenir du pays : chemins de fer, concessions de mines, de gaz, toutes ces artères de la fortune publique; véritables vampires, ils en ont sucé le sang avec une si horrible avidité, qu'il faudra trente ans, quarante ans, cent ans, avant que le grand corps de l'État ait retrouvé toutes ses forces!

Ils n'étaient pas payés.

Souhaitons que les nouveaux représentants soient rétribués.

D'ailleurs, pour que cette phrase « tous les électeurs sont éligibles » ne soit pas un mensonge, comme nous aurons un très-grand nombre d'électeurs qui n'auront de revenus que leur travail, il leur faudra nécessairement, pour qu'ils puissent représenter la France, des appointements qui leur permettent de le faire.

Ou bien alors on ajouterait à cette phrase : « tous les électeurs sont éligibles » ce léger correctif : « à l'exception toutefois de ceux qui n'auront pas 12,000 livres de rente. » Alors vous conviendrez que, quant à la condition d'éligibilité, nous sommes absolument au même point qu'avant le 23 février, où l'on exigeait de l'éligible une fortune d'environ 5 à 6 mille livres de rentes, soit en biens-fonds, soit dans le commerce.

Donc obligation pour le gouvernement provisoire d'engager les arrondissements à voter des frais de représentation à leurs envoyés.

Ces idées que je viens d'émettre sur les élections, je les écrivais avant-hier dans mon village, ignorant complétement ce qui se passait à Paris depuis l'ère républicaine.

Lorsqu'en arrivant ici, mon ami me dit : « Mais mon cher, tout ça est fini, nous avons 900 députés qui auront 25 fr. par jour.

« Tu ne lis donc pas les journaux? »

— Hélas! non. Je n'ai pas encore pu réunir 15 fr. que me coûterait l'abonnement d'un journal à Mortcerf.

« Depuis mon expérience sur l'engrais des bestiaux, je suis tellement ruiné, que je dois me retrancher tout luxe, et 5 fr. par mois à mon journal, c'est trop cher. »

Chandurac alors de me narrer, avec une grande clarté, tout ce qui s'est fait depuis ces jours étonnants.

« Comme tu le vois, ajouta-t-il, il y a de magnifiques choses accomplies déjà en assez grand nombre. »

Depuis ses deux semaines de règne, la république a plus fait que Louis-Philippe, Guizot et consorts en leurs dix-sept ans.

Mais il y a des choses graves qu'on ne se s'est pas assez pressé de terminer. D'abord, le pavage et l'éclairage des rues; on se croit toujours au lendemain de la révolution, ce qui ne rassure que médiocrement les citoyens.

2° La troupe, qui n'est pas encore à Paris, pour aider la garde nationale horriblement fatiguée.

Et puis, surtout toutes ces questions soulevées journellement par les ouvriers dans un moment où elles sont loin d'être opportunes. Certes, en fait de réformes, celle de l'organisation du travail est une des plus graves, mais c'est aussi l'une des plus ardues en difficultés. Et ce n'est pas en un jour et dans un moment de révolution qu'on peut la mûrir et la terminer.

Quant aux exigences affichées aujourd'hui par certaines corporations, elles sont souvent ridicules. Les paveurs et leurs 8 fr. sont drôles! J'avais déjà acheté une demoiselle et je devais pétitionner pour entrer dans les 8 fr.

Les maraîchers, qui viennent de haranguer M. de Lamartine pour le prier de faire pousser les carottes toutes seules, ont prouvé qu'ils comprenaient parfaitement la question du moment.

Mais le gouvernement provisoire, qui a une force morale immense par la confiance que lui donne tout le pays, et une force matérielle très-imposante par le concours que lui apporte la garde nationale, devrait couper court à toutes les prétentions exagérées qui effraient quelque peu les propriétaires.

Le gouvernement provisoire a, certes, assez prouvé qu'il veut organiser le travail, les corporations, changer totalement l'existence de l'ouvrier des fabriques, si horriblement malheureux, dont la misère est la honte de la civilisation et de toutes ces monarchies qui, malgré les temps, n'ont jamais compris ce que devait le pays à tous les citoyens.

Le gouvernement a soumis déjà toutes ces propositions à l'étude. On doit attendre que la discussion les ait éclairées et que le silence de la méditation les ait mûries.

Oui, la république a été faite pour tous, mais elle exige aussi les dévouements de tous; les ouvriers doivent donc un sacrifice à la patrie, c'est à eux d'aider le gouvernement à ramener le travail et la sécurité dans Paris en taisant pour un moment les prétentions que décidera l'examen des questions du travail.

Alors la bourse reprendra son cours ordinaire, les travaux s'ouvriront partout; les châtelains reviendront mettre la joie à Paris, dans les boutiques, dans les rues, aux cœurs des carrossiers, qui m'ont l'air très-triste.

Les peintres en blason font en ce moment des études charmantes pour remplacer sur les panneaux des voitures, par des couronnes de fleurs, des guirlandes de roses, toutes ces pages d'histoire ancienne ou moderne, mais toujours fort incomprises, d'un blason rarement de race bien authentique.

Allons, mes beaux seigneurs, quittez vos châteaux; la chasse est fermée, la campagne est d'un noir aujourd'hui; pas de soleil, pas de verdure; les arbres sont tous décharnés, la terre sent mauvais. On voit qu'elle n'a pas encore dépouillé son linceul.

Elle était plus jolie lorsqu'elle avait sa belle draperie blanche sur laquelle marque si bien la trace du renard, du loup ou du dix-cors. Aujourd'hui elle est sale et boueuse, elle n'a rien pour cacher sa nudité terreuse.

Quittez vos créneaux, vos ponts-levis, vos tourelles; vous le devez pour la France, pour vous-mêmes. Si les citoyens ne font plus travailler, la république sera obligée de créer des travaux et, pour les solder, on établirait l'impôt progressif.

Vous ne pourriez vous plaindre. Dieu ne vous a pas donné les richesses de ce monde, la patrie ne vous a pas

prêté son domaine pour que vous thésaurisiez. Vous avez toutes ces choses. La république vous les garantit, et vous défendra au prix de son sang. Mais ne la trahissez pas; et ce serait la trahir que de vous retirer d'elle.

Vous êtes riches; vous vous devez aux plaisirs : l'hiver à Paris, l'été à la campagne.

Ne faites pas comme les seigneurs d'Irlande, qui, par leur absence, enlèvent tout l'argent de cette province. Les Français tiennent trop à la poule au pot qu'on leur a promise il y a deux cents ans (si c'est toujours la même, elle doit être bien coriace) pour accepter jamais le pain d'avoine et les truffes des Irlandais.

Si vous revenez, les plaisirs renaîtront; le Jardin d'hiver revêtira ses plus riches couleurs, exhalera ses parfums les plus rares. David viendra vous ravir dans des flots d'harmonie.

On cherche partout ici vos belles voitures, vos fringants équipages et vos gracieuses épouses, qui se cachaient si bien dans leurs moelleux coussins.

Le Théâtre-Italien, qu'attriste votre départ, serait si heureux de vous revoir; l'on attendrait encore au bas de ses riches escaliers, l'œil ravi par ce flot de beautés qui descendent lentement les gradins silencieux, imprégnant l'air d'un parfum de grand monde qui enivre les sens encore sous l'impression des chants de l'*Alboni!*

Que vous êtes jolies avec toutes ces fourrures! Je vois encore à travers le demi-jour du souvenir vos belles épaules plus blanches que l'hermine ; vos tailles gracieuses, dont les divins contours font dire malgré soi : Mon Dieu, que c'est joli!

Je vous suivais encore lorsque vous étiez plus belle que toutes vos compagnes.

La voiture s'avançait devant le péristyle ; le marchepied se déroulait avec le bruit du velours; après vous avoir vue, je suivais de l'œil un pied mince et cambré qui montait une marche, alors je m'en allais en rêvant le reste, et me disant: Qu'il est des gens heureux!

Ah ! revenez à Paris, fleurs d'hiver, plus belles, plus blanches, plus parfumées que les roses du printemps.

Hélas ! que j'envie votre sort ! non pas d'être rose ; dans les fleurs si je cherche mon analogie, plaisir très-vanté par Fourier, je trouve que je ressemble assez à un beau soleil sur la fin de l'automne, alors que, commençant à pâlir, sa chevelure quitte son grand front pelé.

Non, j'envie de pouvoir comme vous demeurer à Paris ; jusqu'ici je n'y avais pas songé.

Mais nous allons voir des temps si merveilleux ; l'avenir, qui jusqu'alors avait caché ses livres, va les ouvrir tout grands pour montrer à la France les splendeurs futures où l'appelle la république ; pour sûr nous aurons deux soleils. Et ces clubs d'où sortiront tant d'hommes nouveaux, tant de sublimes idées !

Je vais me porter à la députation dans mon département, ou bien je demande à M. Garnier-Pagès de me faire venir à Paris.

Mon village va me sembler trop triste.

Être si près du mouvement où vont se choquer toutes ces intelligences, toutes ces vastes pensées qui allumeront le phare où doit s'éclairer l'univers, être si près, et vivre en ermite près d'un fromage de Brie. Qu'il y aura donc de choses à entendre, à dire et à écrire ! Si je demeurais à Paris, je ferais tous les trois jours un petit livre.

Dans le premier, je parlerais des cultes, d'une chambre des pairs ou d'un sénat à ma façon, de l'armée, de ma candidature dans le département de Seine-et-Marne.

FIN.